AF205763

Impressum
Verlag: BABADADA GmbH, Nedderfeld 112 , 22529 Hamburg
Geschäftsführer / Verlagsleitung: Harald Hof
Druck: Books on Demand GmbH, In de Tarpen 42, 22848 Norderstedt

Imprint
Publisher: BABADADA GmbH, Nedderfeld 112 , 22529 Hamburg, Germany
Managing Director / Publishing direction: Harald Hof
Print: Books on Demand GmbH, In de Tarpen 42, 22848 Norderstedt

1

škola

school

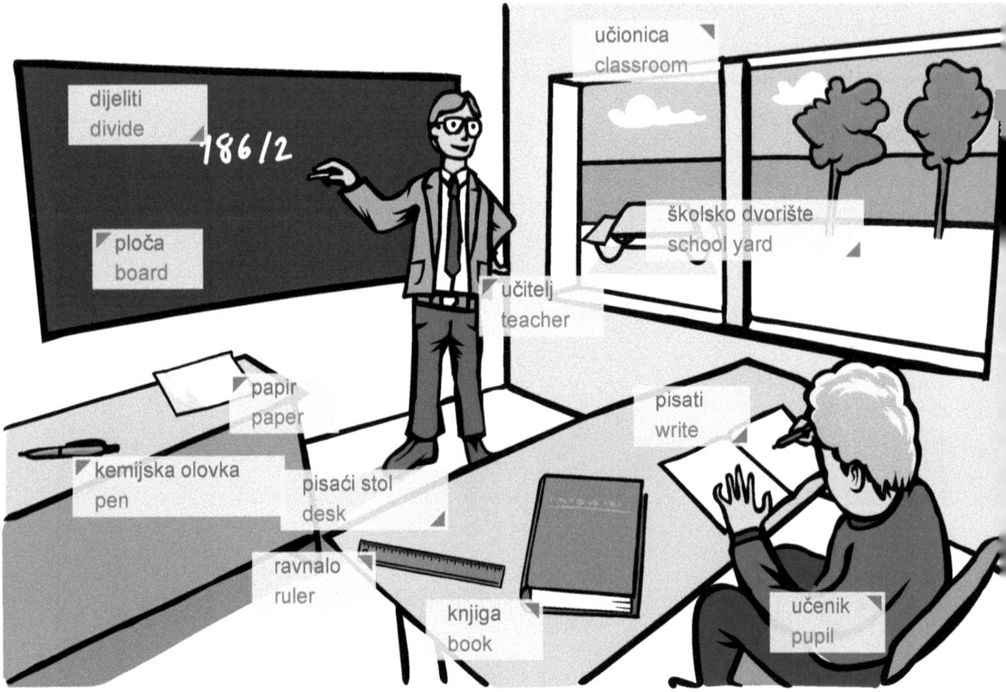

učionica
classroom
dijeliti
divide
186/2
ploča
board
školsko dvorište
school yard
učitelj
teacher
papir
paper
pisati
write
kemijska olovka
pen
pisaći stol
desk
ravnalo
ruler
knjiga
book
učenik
pupil

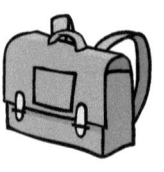

torba

satchel

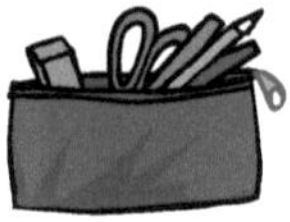

pernica

pencil case

grafitna olovka

pencil

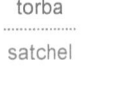

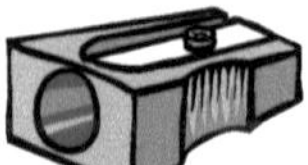

šiljilo za olovke

pencil sharpener

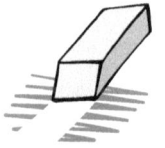

gumica za brisanje

rubber

blok za crtanje

drawing pad

crtež
drawing

kist
paintbrush

kutija s bojama
paint box

makaze
scissors

ljepilo
glue

bilježnica
exercise book

domaći zadatak
homework

12

broj
number

2+2

sabirati
add

5-2

oduzimati
subtract

2×2

množiti
multiply

računati
calculate

slovo
letter

**ABCDEFG
HIJKLMN
OPQRSTU
VWXYZ**

abeceda
alphabet

riječ
word

tekst

text

čitati

read

kreda

chalk

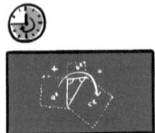

sat

lesson

dnevnik

register

ispit

exam

svjedodžba

certificate

školska uniforma

school uniform

obrazovanje

education

leksikon

encyclopedia

sveučilište

university

mikroskop

microscope

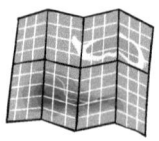

karta

map

košara za papir

waste-paper basket

putovanje
travel

hotel
hotel
Grand
prenoćište
hostel
ROOMS
mjenjačnica
bureau de change
CHANGE
kofer
suitcase
auto
car

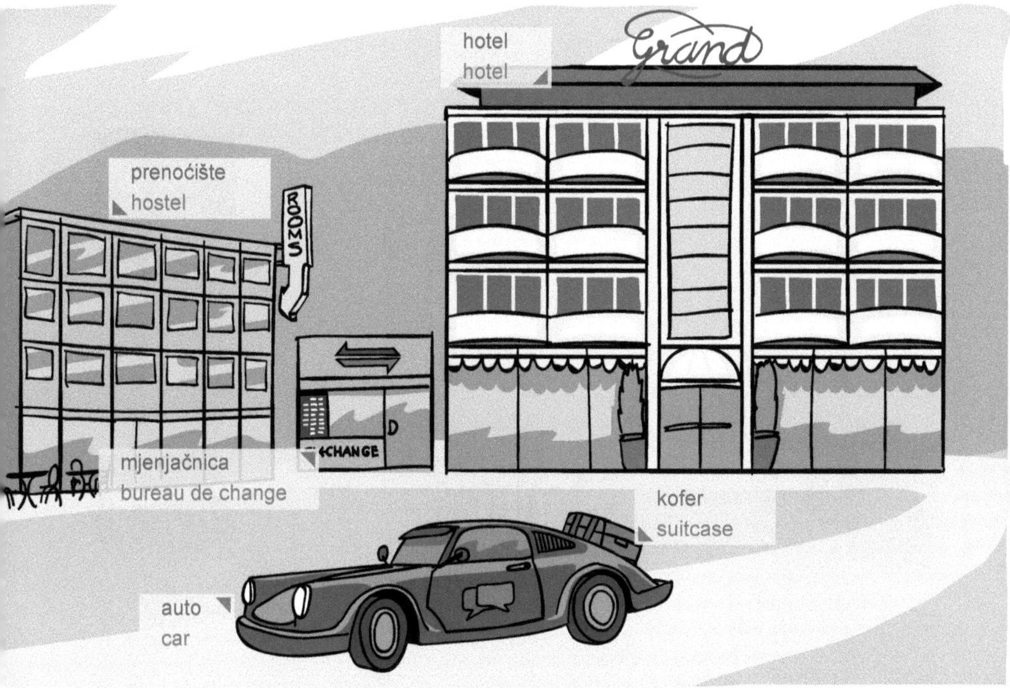

jezik

language

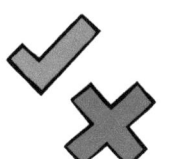

da / ne

yes / no

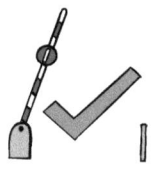

okay

Okay

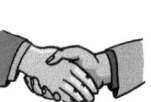

zdravo

hello

prevoditelj

translator

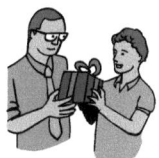

hvala

Thank you

Koliko košta...?

how much is...?

ne razumijem

I do not understand

problem

problem

dobro veče!

Good evening!

Dobro jutro!

Good morning!

Laku noć!

Good night!

doviđenja

bye bye

smjer

direction

prtljaga

luggage

torba

bag

ruksak

backpack

gost

guest

soba

room

vreća za spavanje

sleeping bag

šator

tent

putovanje - travel

turističke informacije

tourist information

plaža

beach

kreditna kartica

credit card

doručak

breakfast

ručak

lunch

večera

dinner

karta za vožnju

ticket

dizalo

lift

poštanska markica

stamp

granica

border

carina

customs

ambasada

embassy

viza

visa

putovnica

passport

transport
transport

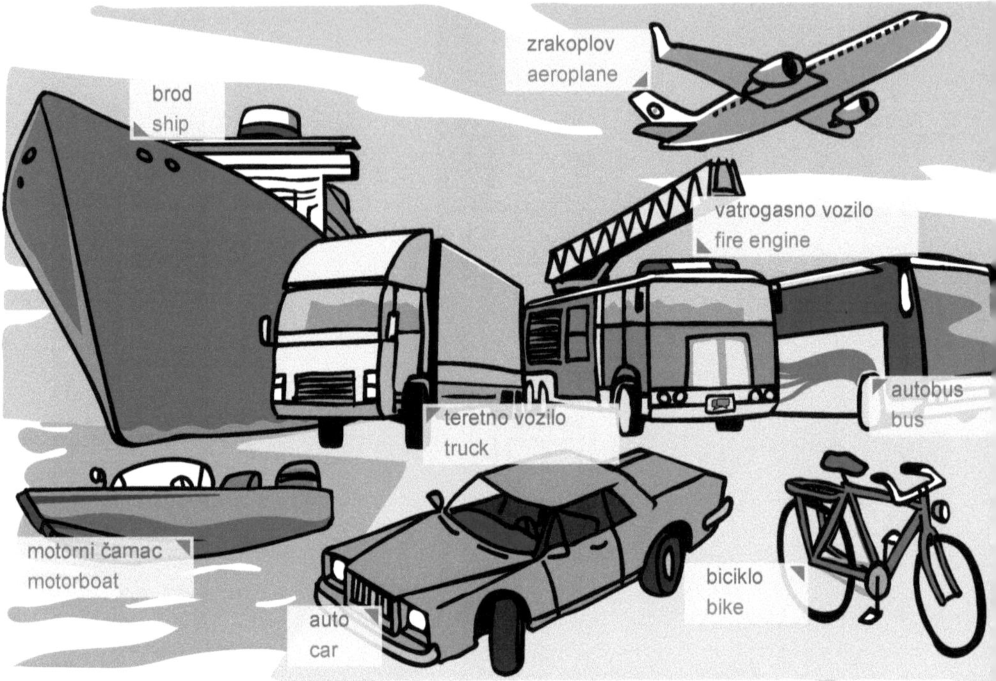

zrakoplov
aeroplane
brod
ship
vatrogasno vozilo
fire engine
autobus
bus
teretno vozilo
truck
motorni čamac
motorboat
biciklo
bike
auto
car

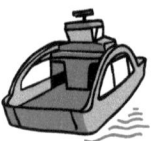

trajekt

ferry

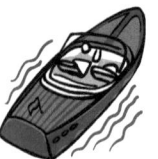

čamac

boat

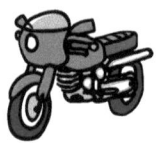

motocikl

motorbike

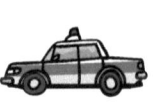

policijski auto

police car

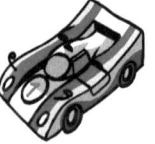

trkaći auto

racing car

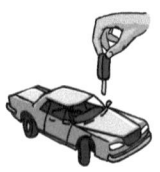

iznajmljeno auto

rental car

dijeljenje automobila
....
car sharing

vučno vozilo
....
breakdown truck

vozilo za odvoz smeća
....
refuse truck

motor
....
motor

benzin
....
fuel

benzinska postaja
....
petrol station

prometni znak
....
traffic sign

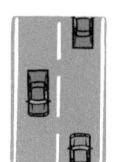

promet
....
traffic

zastoj
....
traffic jam

parkiralište
....
car park

kolodvor
....
train station

šine
....
tracks

vlak
....
train

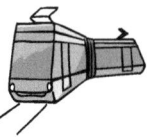

tramvaj
....
tram

vagon
....
carriage

helikopter

helicopter

zrakoplovna luka

airport

toranj

tower

putnik

passenger

kontejner

container

karton

carton

kolica

cart

košara

basket

uzletjeti / sletjeti

take off / land

grad
city

selo

village

centar grada

city centre

kuća

house

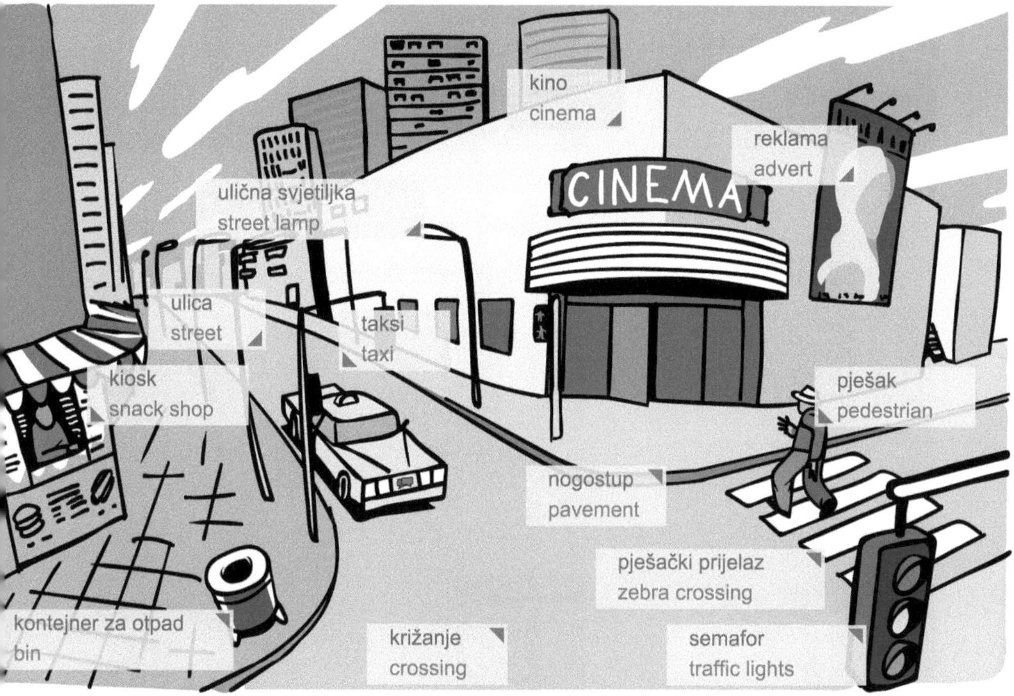

kino / cinema

reklama / advert

ulična svjetiljka / street lamp

CINEMA

ulica / street

taksi / taxi

kiosk / snack shop

pješak / pedestrian

nogostup / pavement

pješački prijelaz / zebra crossing

kontejner za otpad / bin

križanje / crossing

semafor / traffic lights

koliba
....
hut

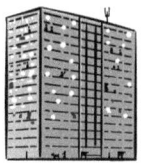

stan
....
flat

kolodvor
....
train station

vijećnica
....
town hall

muzej
....
museum

škola
....
school

sveučilište

university

banka

bank

bolnica

hospital

hotel

hotel

ljekarna

pharmacy

ured

office

knjižara

book shop

prodavaonica

shop

cvjećara

florist's

supermarket

supermarket

trg

market

robna kuća

department store

ribarnica

fishmonger's

trgovački centar

shopping centre

luka

harbour

grad - city

park
park

klupa
bench

most
bridge

stepenice
stairs

podzemna željeznica
underground

tunel
tunnel

autobusna stanica
bus stop

bar
bar

restoran
restaurant

poštansko sanduče
postbox

ulični znak
street sign

parkirni sat
parking meter

zoološki vrt
zoo

bazen
swimming pool

džamija
mosque

seosko gazdinstvo
farm

zagađenje okoliša
pollution

groblje
graveyard

crkva
church

igralište
playground

hram
temple

krajolik
landscape

list
leaf

putokaz
signpost

put
way

livada
meadow

kamen
stone

drvo
tree

šetač
hiker

rijeka
river

trava
grass

cvijet
flower

dolina

valley

planina

hill

jezero

lake

šuma

forest

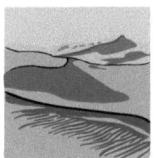

pustinja

desert

vulkan

volcano

dvorac

castle

duga

rainbow

gljiva

mushroom

palma

palm tree

moskito

mosquito

muha

fly

mrav

ant

pčela

bee

pauk

spider

buba

beetle

žaba

frog

vjeverica

squirrel

jež

hedgehog

zec

hare

sova

owl

ptica

bird

labud

swan

divlja svinja

boar

jelen

deer

los

moose

nasip

dam

vjetrenjača

wind turbine

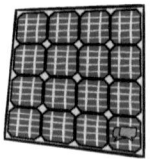

solarna ploča

solar panel

klima

climate

restoran

restaurant

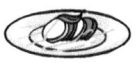

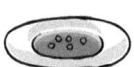

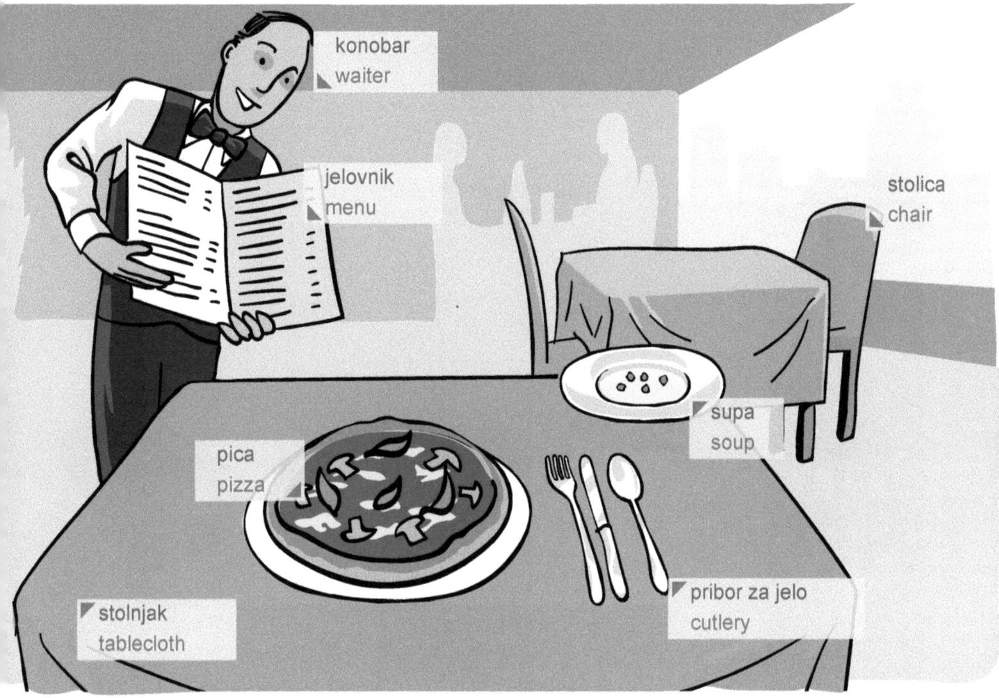
konobar
waiter
jelovnik
menu
stolica
chair
supa
soup
pica
pizza
stolnjak
tablecloth
pribor za jelo
cutlery

predjelo

starter

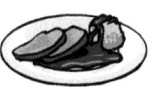

glavno jelo

main course

desert

dessert

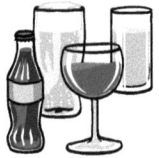

napitci

drinks

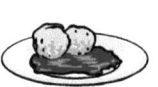

jelo

food

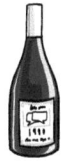

boca

bottle

fastfood

fast food

imbis hrana

street food

čajnik

teapot

doza za šećer

sugar bowl

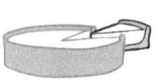

porcija

portion

aparat za espresso

espresso machine

visoka stolica

high chair

račun

bill

pladanj

tray

nož

knife

vilica

fork

žlica

spoon

čajna žlica

teaspoon

ubrus

serviette

čaša

glass

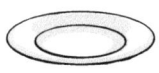

tanjur

plate

tanjur za supu

soup plate

tanjurić

saucer

sos

sauce

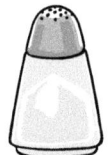

soljenka

salt pot

mlin za biber

pepper mill

ocat

vinegar

ulje

oil

začini

spices

kečap

ketchup

senf

mustard

majoneza

mayonnaise

supermarket

supermarket

ponuda
special offer
FOR
kupac
customer
mliječni proizvodi
dairy
voće
fruit
kolica za kupnju
trolley

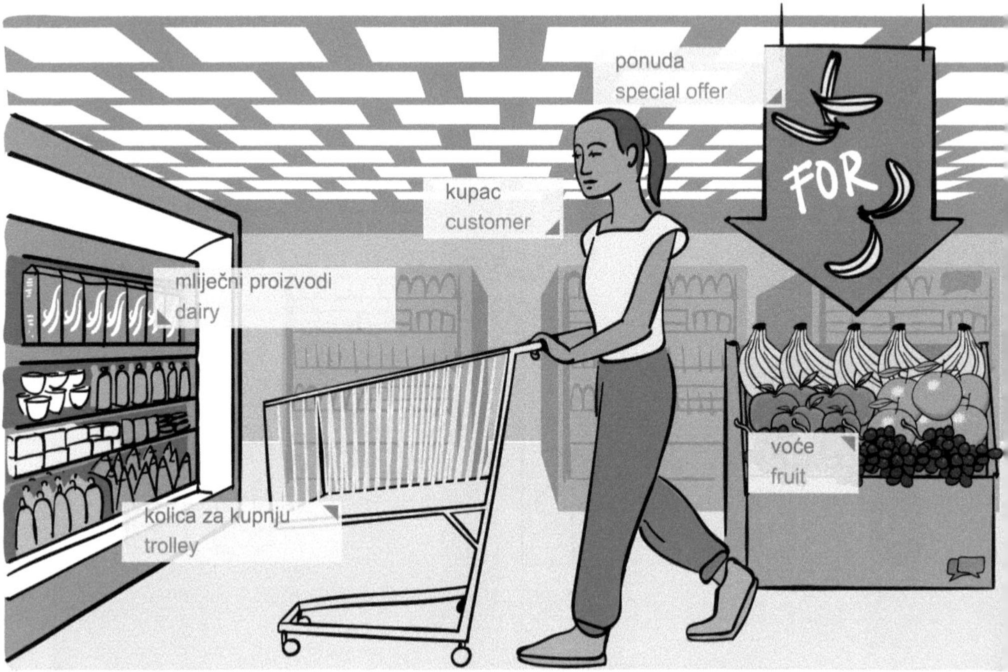

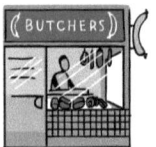

BUTCHERS

mesnica

butcher´s

BAKERY

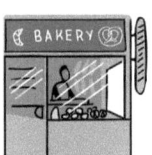

pekarnica

baker´s

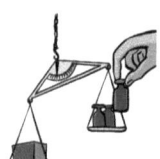

vagati

weigh

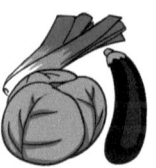

povrće

vegetables

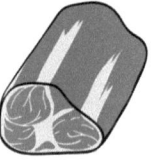

meso

meat

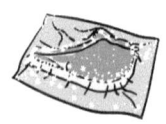

duboko smrznuta hrana

frozen food

narezak

cold meat

konzerve

tinned food

sredstvo za pranje

washing powder

slatkiši

sweets

artikli za domaćinstvo

household products

sredstva za čišćenje

cleaning products

prodavačica

salesperson

blagajna

till

blagajnik

cashier

lista za kupnju

shopping list

vrijeme rada

opening hours

novčanik

wallet

kreditna kartica

credit card

torba

bag

plastična vrećica

plastic bag

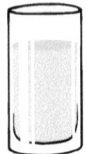

voda

water

sok

juice

mlijeko

milk

cola

coke

vino

wine

pivo

beer

alkohol

alcohol

kakao

cocoa

čaj

tea

kava

coffee

espresso

espresso

cappuccino

cappuccino

banana

banana

jabuka

apple

naranča

orange

lubenica

melon

limun

lemon

mrkva

carrot

češnjak

garlic

bambus

bamboo

luk

onion

gljiva

mushroom

orašasti plodovi

nuts

rezanci

noodles

špagete

spaghetti

riža

rice

salata

salad

pomfrit

chips

pečeni krumpir

fried potatoes

pica

pizza

hamburger

hamburger

sendvič

sandwich

šnicla

cutlet

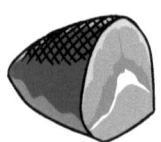

pršut

ham

salama

salami

kobasica

sausage

kokoš

chicken

pečenje

roast

riba

fish

zobene pahuljice

porridge oats

musli

muesli

kukuruzne pahuljice

cornflakes

brašno

flour

roščić

croissant

pecivo

bread roll

kruh

bread

toast

toast

keksi

biscuits

maslac

butter

svježi sir

curd

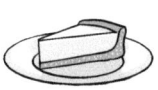

kolač

cake

jaje

egg

jaje na oko

fried egg

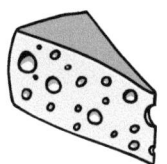

sir

cheese

sladoled

ice cream

šećer

sugar

med

honey

marmelada

jam

nugat krema

chocolate spread

curry

curry

seosko gazdinstvo
farm

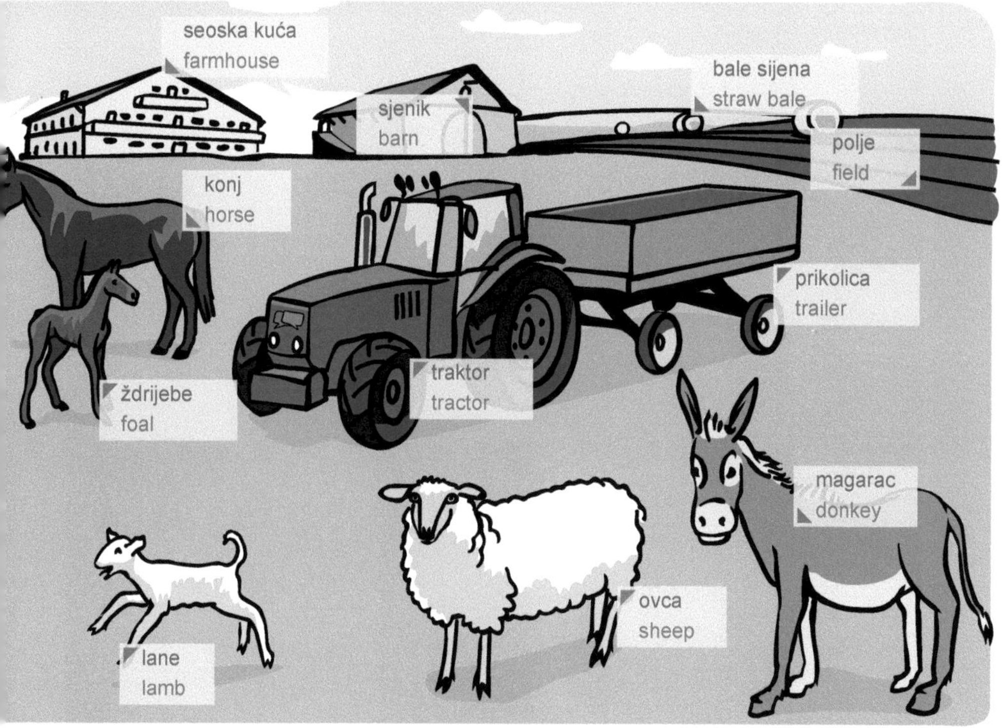
seoska kuća
farmhouse
sjenik
barn
bale sijena
straw bale
polje
field
konj
horse
prikolica
trailer
traktor
tractor
ždrijebe
foal
magarac
donkey
ovca
sheep
lane
lamb

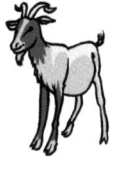

koza

goat

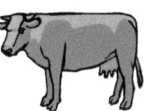

krava

cow

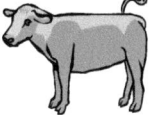

tele

calf

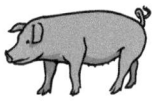

svinja

pig

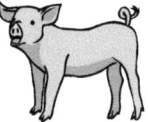

prase

piglet

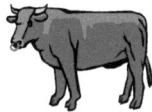

bik

bull

guska

goose

patka

duck

pilići

chick

kokoš

hen

pijetao

cock

pacov

rat

mačka

cat

miš

mouse

vol

ox

pas

dog

kućica za psa

doghouse

vrtno crijevo

garden hose

kanta za polijevanje

watering can

kosa

scythe

plug

plough

srp

sickle

motika

hoe

vilica za gnojivo

pitchfork

sjekira

axe

tačke

wheelbarrow

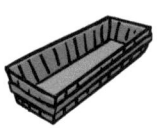

korito

trough

posuda za mlijeko

milk can

vreća

sack

ograda

fence

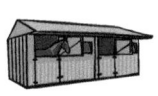

štala

stable

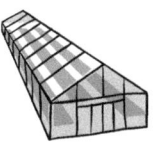

staklenik

greenhouse

zemlja

soil

sjeme

seed

gnojivo

fertilizer

kombajn

combine harvester

žanjati

harvest

žetva

harvest

yams začin

yams

pšenica

wheat

soja

soy

krumpir

potato

kukuruz

corn

uljana repica

rapeseed

voćka

fruit tree

gomolj manioke

cassava

žitarice

cereals

kuća

house

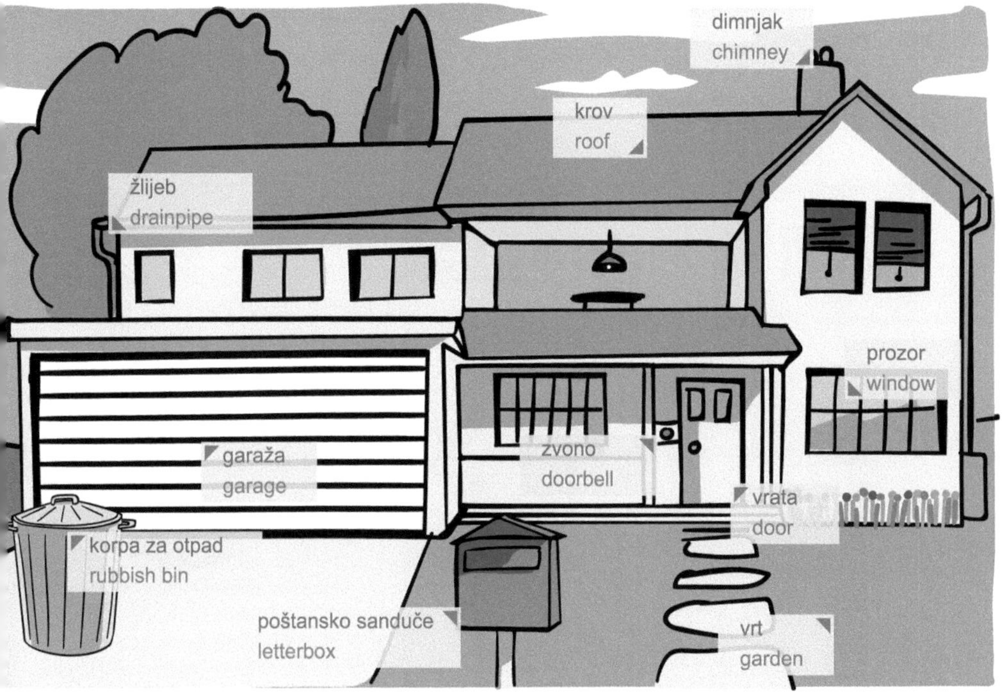
dimnjak
chimney
krov
roof
žlijeb
drainpipe
prozor
window
zvono
doorbell
garaža
garage
vrata
door
korpa za otpad
rubbish bin
poštansko sandučе
letterbox
vrt
garden

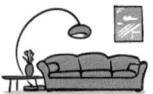

dnevna soba

living room

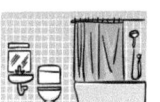

kupaonica

bathroom

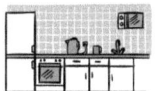

kuhinja

kitchen

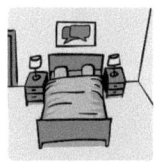

spavaća soba

bedroom

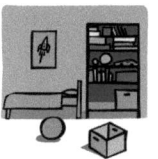

dječija soba

child's room

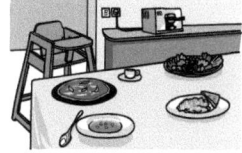

trpezarija

dining room

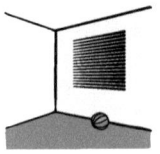

pod
....
floor

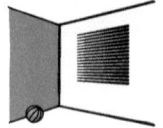

zid
....
wall

strop
....
ceiling

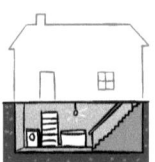

podrum
....
cellar

sauna
....
sauna

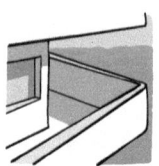

balkon
....
balcony

terasa
....
terrace

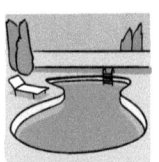

bazen
....
pool

kosilica za travu
....
lawn mower

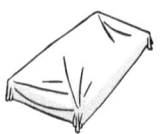

posteljina za krevet
....
sheet

deka za krevet
....
bedspread

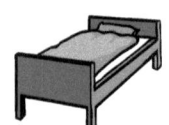

krevet
....
bed

metla
....
broom

kanta
....
bucket

sklopka
....
switch

dnevna soba

living room

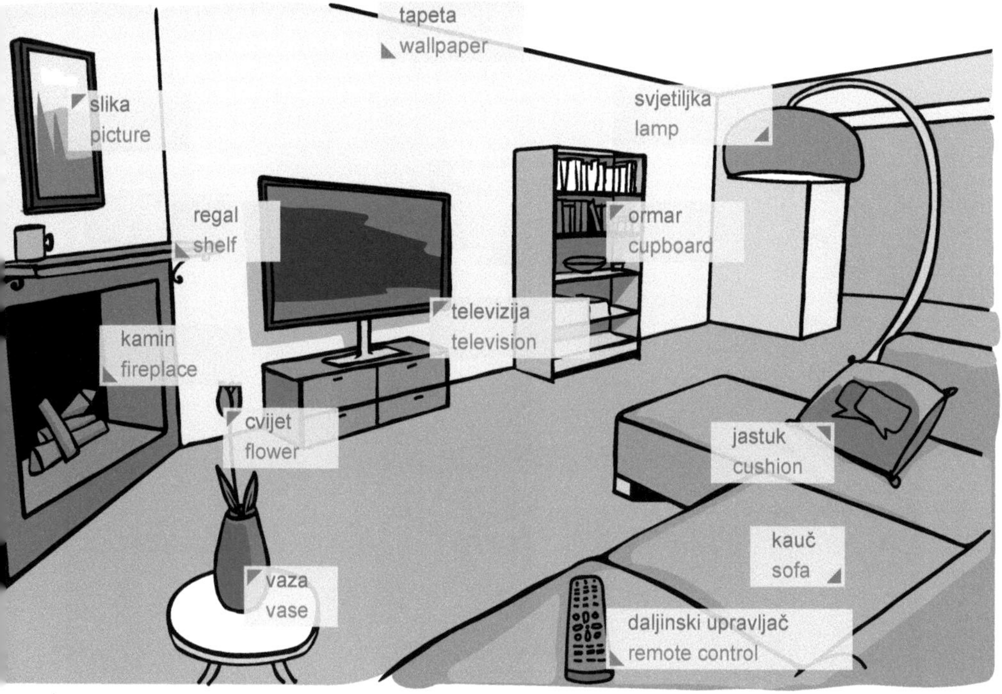
tapeta
wallpaper
slika
picture
svjetiljka
lamp
regal
shelf
ormar
cupboard
televizija
television
kamin
fireplace
cvijet
flower
jastuk
cushion
kauč
sofa
vaza
vase
daljinski upravljač
remote control

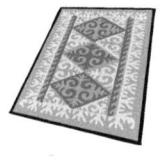

tepih

carpet

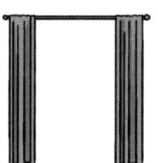

zavjesa

curtain

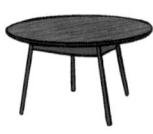

stol

table

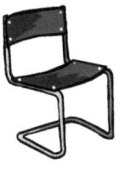

stolica

chair

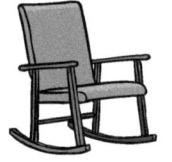

stolica za njihanje

rocking chair

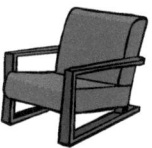

fotelja

armchair

knjiga

book

deka

blanket

dekoracija

decoration

drvo za ogrjev

firewood

film

film

stereo uređaj

hi-fi equipment

ključ

key

novine

newspaper

slika na platnu

painting

poster

poster

radio

radio

blok za pisanje

notepad

usisavač

hoover

kaktus

cactus

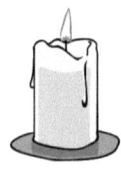

svijeća

candle

kuhinja
kitchen

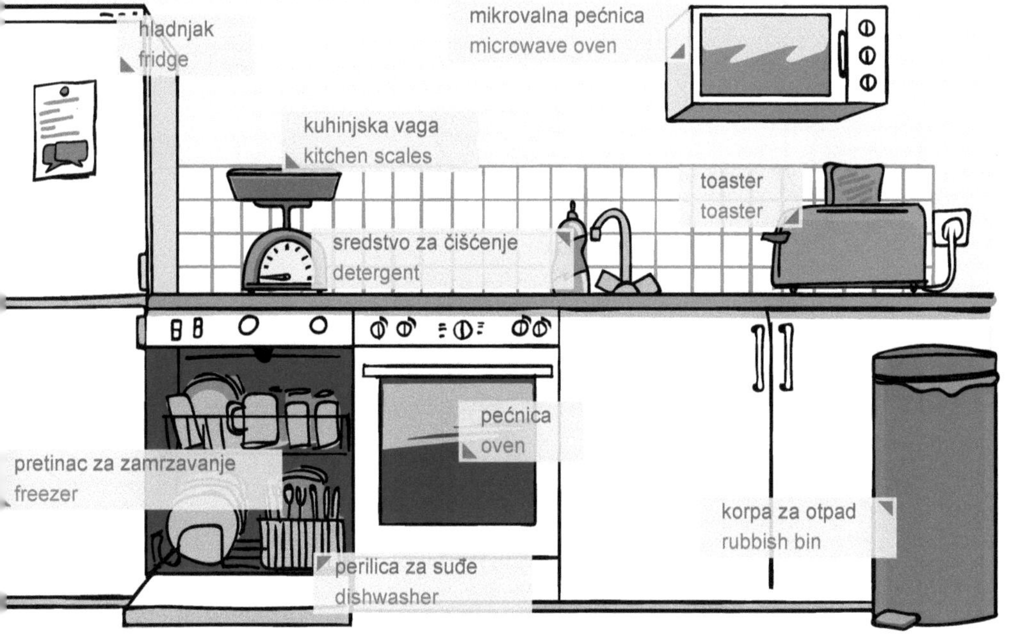
hladnjak
fridge
mikrovalna pećnica
microwave oven
kuhinjska vaga
kitchen scales
toaster
toaster
sredstvo za čišćenje
detergent
pećnica
oven
pretinac za zamrzavanje
freezer
korpa za otpad
rubbish bin
perilica za suđe
dishwasher

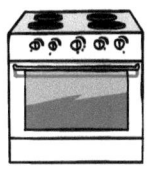

štednjak

cooker

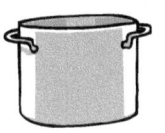

lonac

pot

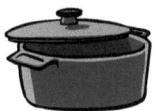

željezni lonac

cast-iron pot

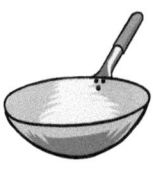

wok / kadai

wok / kadai

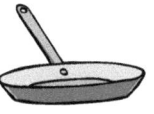

tava

pan

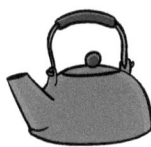

kuhalo za vodu

kettle

kuhalo na paru

steamer

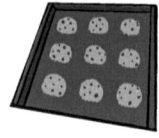

lim za pečenje

baking tray

posuđe

crockery

čaša

mug

zdjela

bowl

štapići za jelo

chopsticks

kutljača

ladle

lopatica

spatula

pjenjača

whisk

sito za kuhanje

strainer

sito

sieve

ribež

grater

mužar

mortar

roštilj

barbecue

ognjište

open fire

daska

chopping board

oklagija

rolling pin

vadičep

corkscrew

konzerva

can

otvarač konzervi

can opener

krpa za lonac

pot holder

sudoper

sink

četka

brush

spužva

sponge

mikser

blender

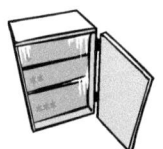

zamrzivač

deep freezer

bočica za bebe

baby bottle

slavina za vodu

tap

kupaonica
bathroom

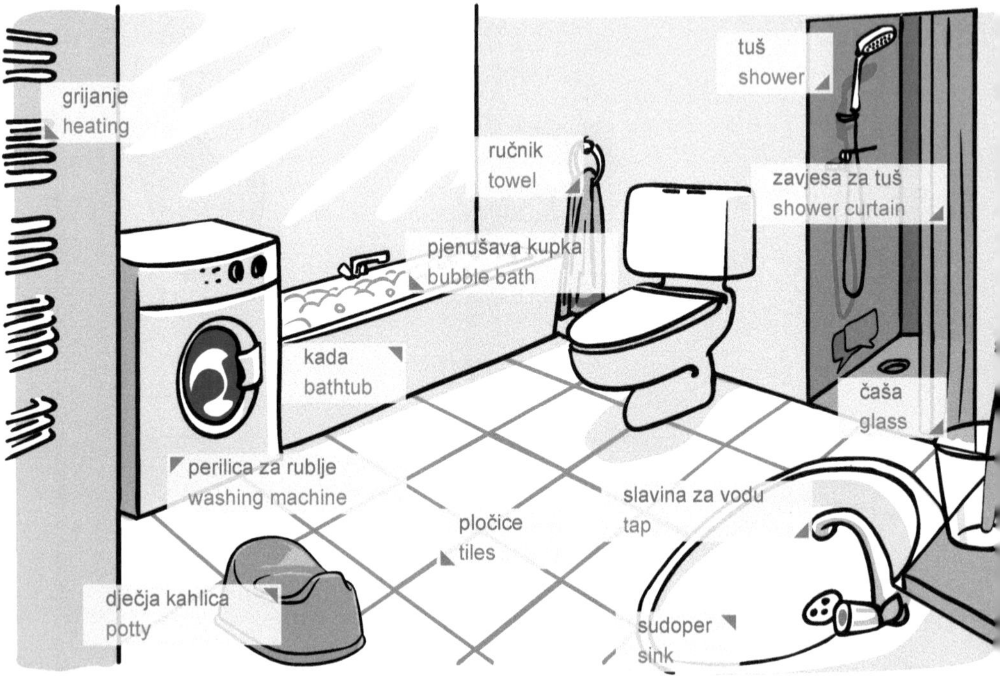

grijanje
heating

tuš
shower

ručnik
towel

zavjesa za tuš
shower curtain

pjenušava kupka
bubble bath

kada
bathtub

čaša
glass

perilica za rublje
washing machine

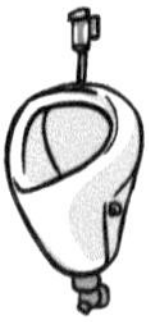

slavina za vodu
tap

pločice
tiles

dječja kahlica
potty

sudoper
sink

toalet	čučavac	bidet
toilet	squat toilet	bidet
pisoar	papir za toalet	četka za toalet
urinal	toilet paper	toilet brush

četkica za zube

toothbrush

pasta za zube

toothpaste

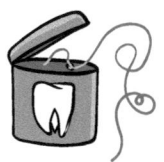

konac za zube

dental floss

prati

wash

tuš ručica

handheld shower

tuš za pranje intimnih dijelova

douche

lavor

basin

četka za pranje leđa

back brush

sapun

soap

gel za tuširanje

shower gel

šampon

shampoo

krpa za pranje

flannel

odvod

drain

krema

cream

dezodorans

deodorant

ogledalo

mirror

kozmetičko ogledalo

hand mirror

brijač

razor

pjena za brijanje

shaving foam

losion za poslije brijanja

aftershave

češalj

comb

četka

brush

sušilo za kosu

hair dryer

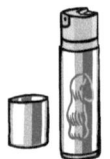

sprej za kosu

hairspray

makeup

makeup

ruž za usne

lipstick

lak za nokte

nail varnish

vata

cotton wool

škare za nokte

nail scissors

parfem

perfume

neseser

washbag

stolica

stool

vaga

weighing scale

ogrtač

bathrobe

rukavice za čišćenje

rubber gloves

tampon

tampon

uložak

sanitary towel

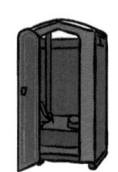

kemijski toalet

chemical toilet

dječija soba

child's room

budilnik
alarm clock
plišana igračka
cuddly toy
auto igračka
toy car
zvečka
rattle
kućica za lutke
doll's house
poklon
present

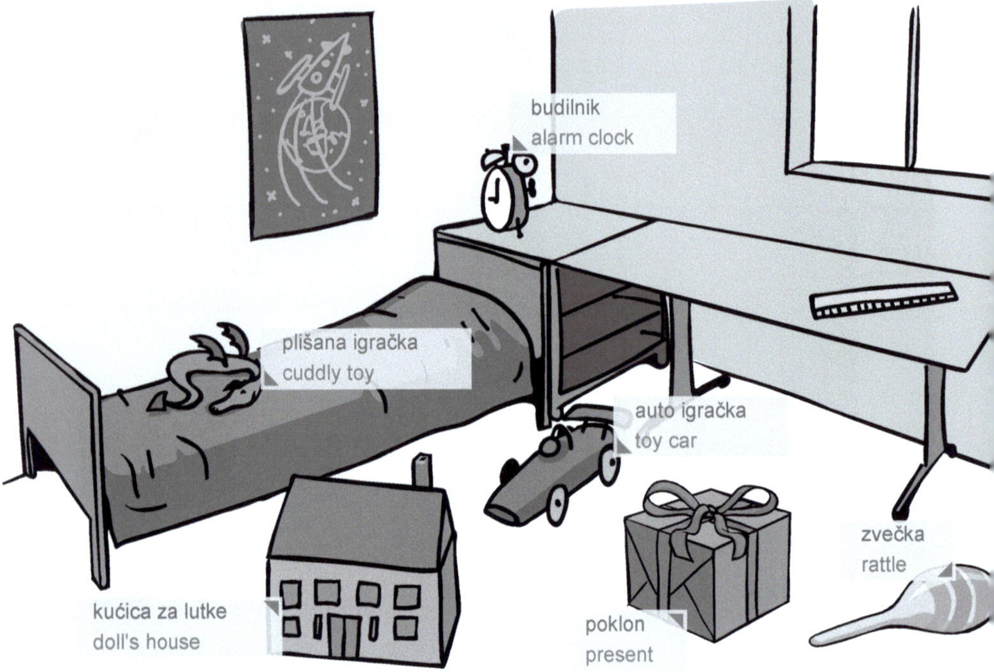

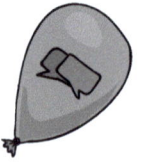

balon

balloon

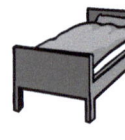

krevet

bed

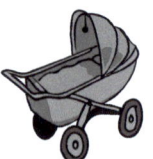

dječija kolica

pram

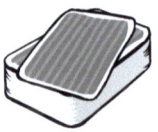

igra s kartama

deck of cards

slagalica

jigsaw

SUPER
MEGA

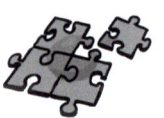

strip

comic

lego kockice

lego bricks

kockice za slaganje

building blocks

akcioni junak

action figure

kombinezon za bebe

babygrow

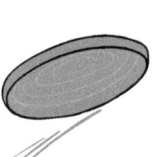

frizbi

frisbee

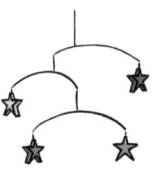

viseće igračke

mobile

društvene igre

board game

kocka

dice

minijaturna željeznica

model train set

duda

dummy

tulum

party

slikovnica

picture book

lopta

ball

lutka

doll

igrati

play

pješčanik

sandpit

ljuljačka

swing

igračka

toys

konzola za igre

video game console

tricikl

tricycle

plišani medo

teddy bear

ormar

wardrobe

odjeća
clothing

kratke čarape

socks

čarape

stockings

hulahopke

tights

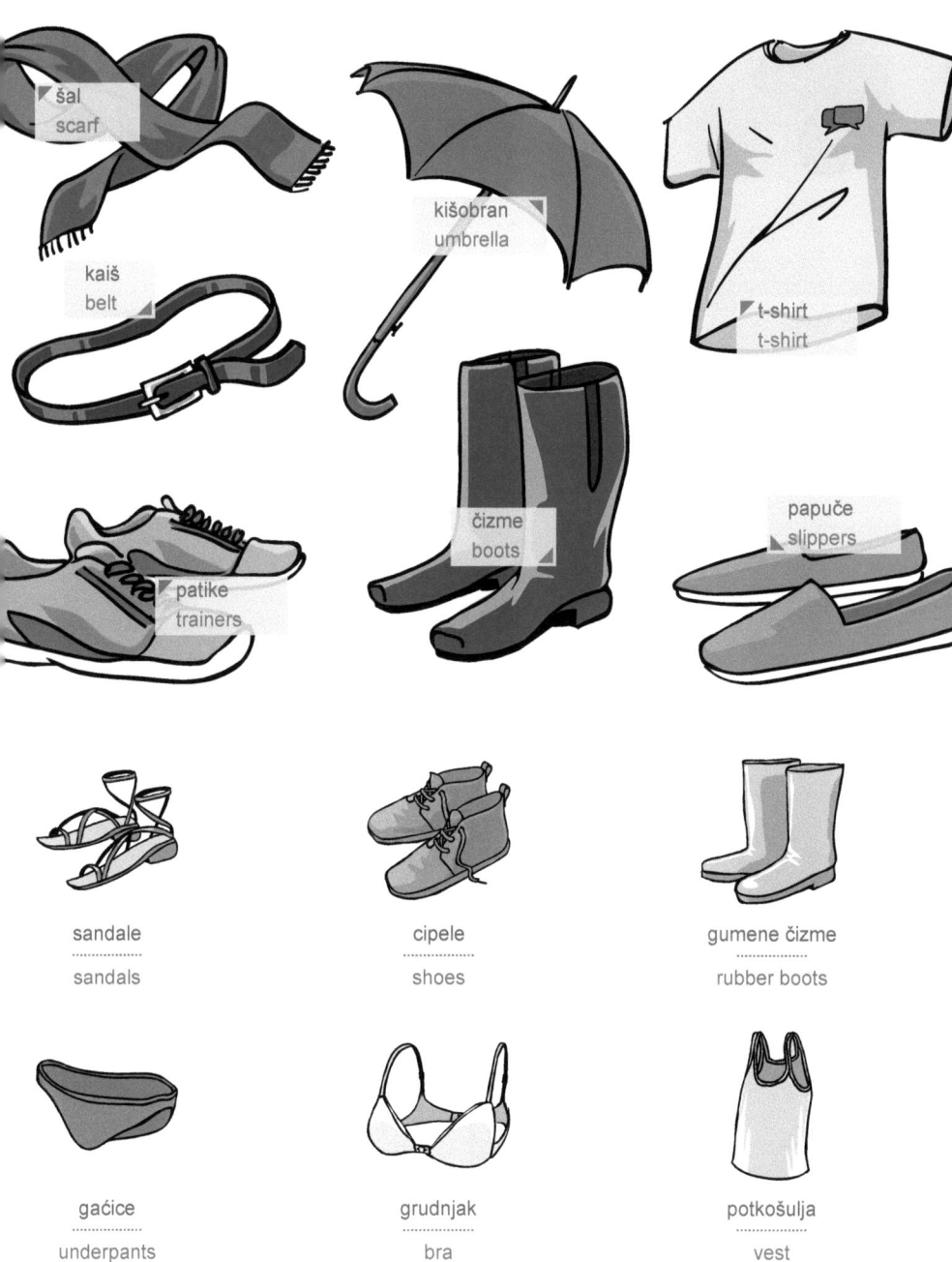

šal
scarf

kišobran
umbrella

t-shirt
t-shirt

kaiš
belt

čizme
boots

papuče
slippers

patike
trainers

sandale
sandals

cipele
shoes

gumene čizme
rubber boots

gaćice
underpants

grudnjak
bra

potkošulja
vest

bodi
body

hlače
trousers

džins
jeans

haljina
skirt

bluza
blouse

košulja
shirt

džemper
pullover

pulover s kapuljačom
hoodie

blejzer
blazer

jakna
jacket

kaput
coat

kabanica
raincoat

kostim
costume

haljina
dress

vjenčanica
wedding dress

odjeća - clothing

odijelo

suit

spavaćica

nightgown

pidžama

pyjamas

sari

sari

rubac

headscarf

turban

turban

burka

burqa

kaftan

kaftan

abaja

abaya

kupaći kostim

swimsuit

kupaće gaćice

trunks

kratke hlače

shorts

odjeća za trening

tracksuit

pregača

apron

rukavice

gloves

gumb

button

naočale

glasses

narukvica

bracelet

ogrlica

necklace

prsten

ring

naušnica

earring

kapa

cap

vješalica

coat hanger

šešir

hat

kravata

tie

patent zatvarač

zip

kaciga

helmet

naramenice

braces

školska uniforma

school uniform

uniforma

uniform

odjeća - clothing

podbradak
bib

duda
dummy

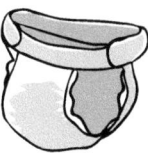

pelena
nappy

ured
office

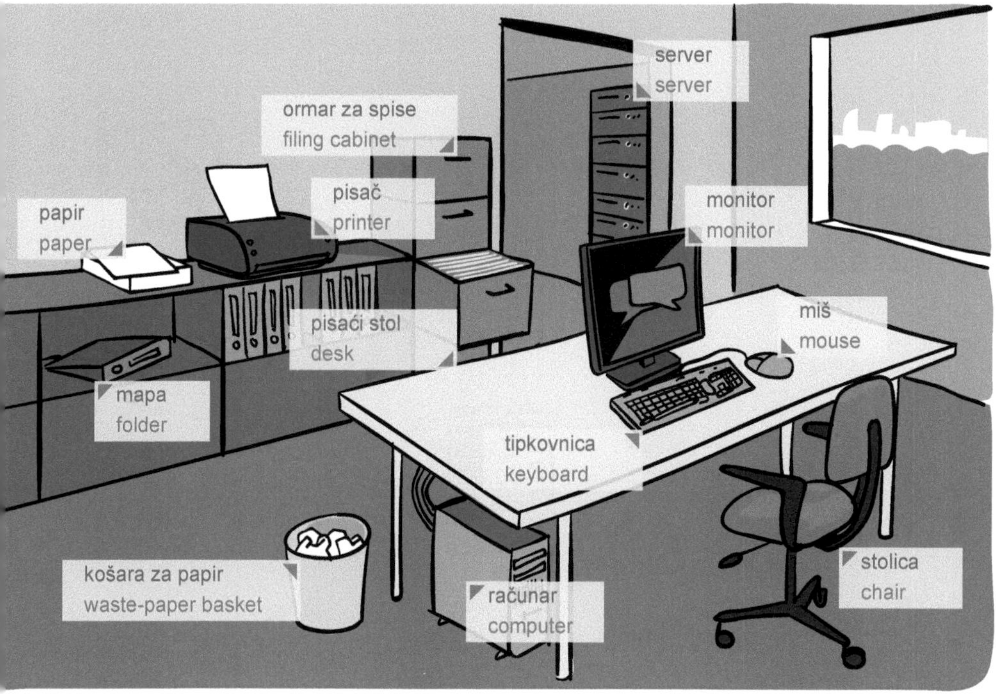

ormar za spise
filing cabinet

server
server

papir
paper

pisač
printer

monitor
monitor

pisaći stol
desk

miš
mouse

mapa
folder

tipkovnica
keyboard

košara za papir
waste-paper basket

računar
computer

stolica
chair

šalica za kavu
coffee mug

kalkulator
calculator

internet
internet

laptop

laptop

pismo

letter

poruka

message

mobilni telefon

mobile

mreža

network

uređaj za kopiranje

photocopier

softver

software

telefon

telephone

utičnica

plug socket

faks

fax machine

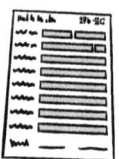

obrazac

form

dokument

document

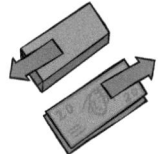

kupovati

buy

platiti

pay

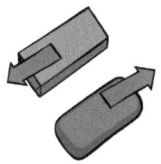

trgovati

trade

novac

money

dolar

dollar

euro

euro

jen

yen

rubalj

rouble

švicarski franak

Swiss franc

renmindbi yuan

renminbi yuan

rupija

rupee

automat za novac

cashpoint

mjenjačnica
bureau de change

zlato
gold

srebro
silver

nafta
oil

energija
energy

cijena
price

ugovor
contract

porez
tax

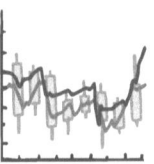

dionica
stock

raditi
work

službenik
employee

poslodavac
employer

tvornica
factory

prodavaonica
shop

gospodarstvo - economy

policajac
police officer

vatrogasac
fireman

kuhar
cook

liječnik
doctor

pilot
pilot

vrtlar
gardener

stolar
carpenter

krojačica
seamstress

sudija
judge

kemičar
chemist

glumac
actor

vozač autobusa

bus driver

vozač taksija

taxi driver

ribar

fisherman

čistačica

cleaning lady

krovopokrivač

roofer

konobar

waiter

lovac

hunter

slikar

painter

pekar

baker

električar

electrician

građevinski radnik

builder

inženjer

engineer

mesar

butcher

limar

plumber

poštar

postman

vojnik

soldier

arhitekta

architect

blagajnik

cashier

cvjećar

florist

frizer

hairdresser

kondukter

conductor

mehaničar

mechanic

kapetan

captain

zubar

dentist

znanstvenik

scientist

rabi

rabbi

imam

imam

monah

monk

svećenik

clergyman

alati

tools

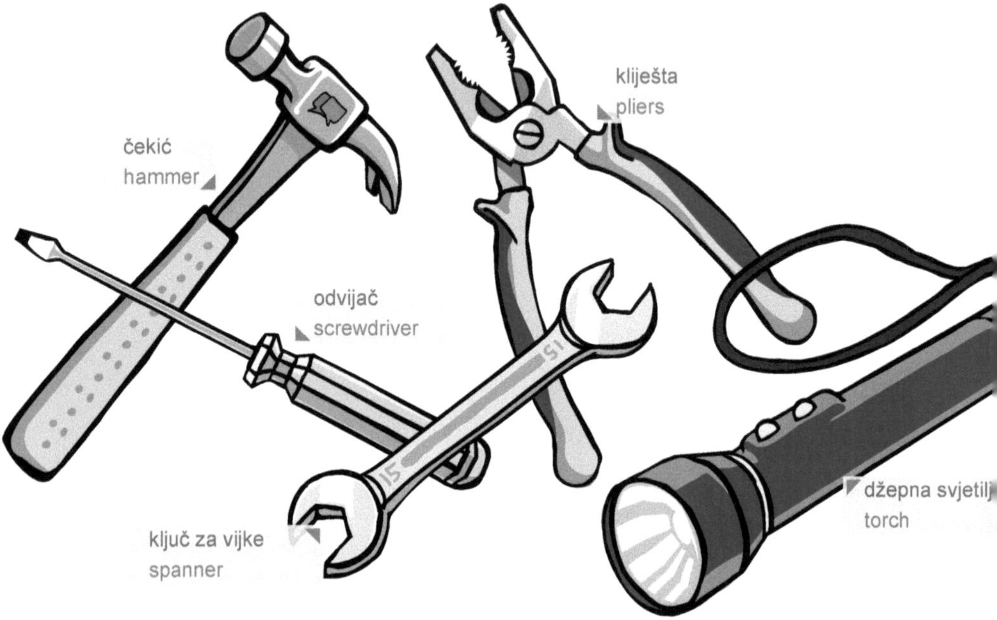

čekić
hammer
kliješta
pliers
odvijač
screwdriver
ključ za vijke
spanner
džepna svjetilj
torch

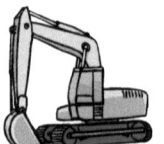

rovokopač

digger

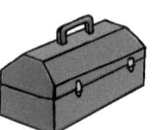

kutija za alat

toolbox

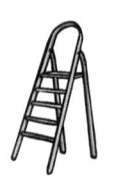

ljestve

ladder

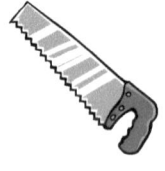

pila

saw

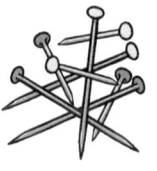

ekser

nails

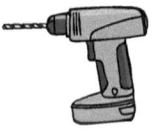

bušilica

drill

popraviti

repair

lopata

shovel

Sranje!

Damn!

lopatica

dustpan

lonac za boju

paint pot

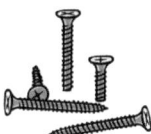

vijci

screws

glazbeni instrument
musical instruments

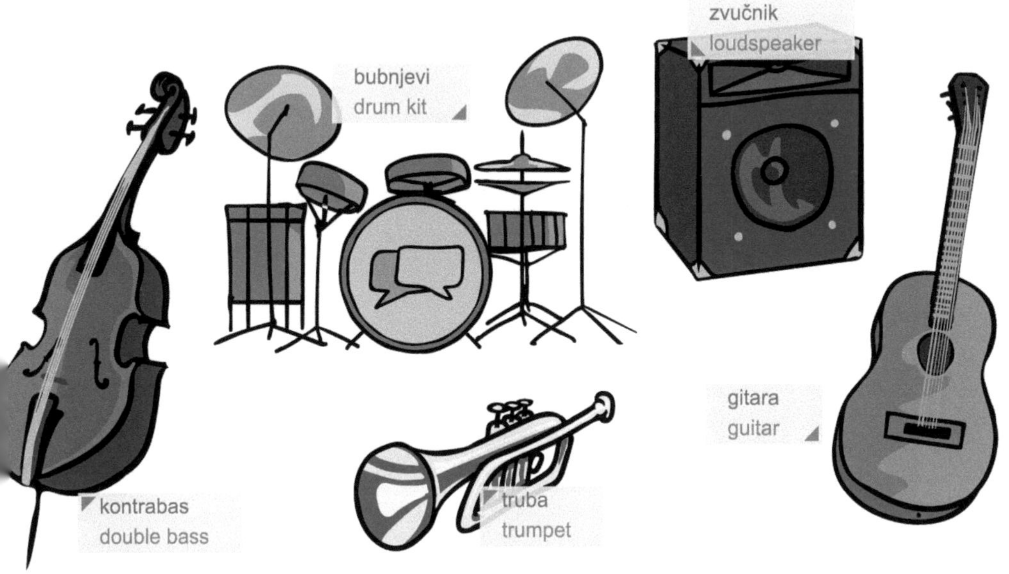

bubnjevi
drum kit

zvučnik
loudspeaker

gitara
guitar

kontrabas
double bass

truba
trumpet

klavir

piano

violina

violin

bas

bass

timpani

timpani

udaraljke za bubnjeve

drums

keyboard

keyboard

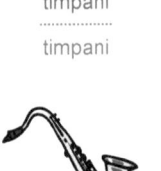

saksofon

saxophone

flauta

flute

mikrofon

microphone

glazbeni instrument - musical instruments

tigar
tiger

ulaz
entrance

kavez
cage

zebra
zebra

hrana za životinje
animal feed

panda
panda

životinje
animals

slon
elephant

kengur
kangaroo

nosorog
rhino

gorila
gorilla

medvjed
bear

kamila

camel

noj

ostrich

lav

lion

majmun

monkey

flamingo

flamingo

papagaj

parrot

polarni medvjed

polar bear

pingvin

penguin

ajkula

shark

paun

peacock

zmija

snake

krokodil

crocodile

čuvar u zoološkom vrtu

zookeeper

tuljan

seal

jaguar

jaguar

zoološki vrt - zoo

poni
pony

leopard
leopard

nilski konj
hippo

žirafa
giraffe

orao
eagle

divlja svinja
boar

riba
fish

kornjača
turtle

morž
walrus

lisica
fox

gazela
gazelle

američki nogomet
American football

biciklizam
cycling

tenis
tennis

košarka
basketball

plivanje
swimming

boks
boxing

hockey na ledu
ice hockey

nogomet
football

badminton
badminton

atletika
athletics

rukomet
handball

skijanje
skiing

polo
polo

skočiti
jump

smijati se
laugh

zagrliti
hug

ići
walk

pjevati
sing

sanjati
dream

moliti se
pray

poljubiti
kiss

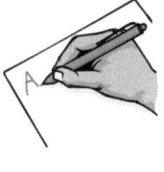

pisati

write

crtati

draw

pokazati

show

gurati

push

dati

give

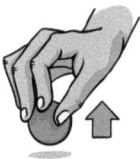

uzeti

take

imati

have

činiti

do

biti

be

stojati

stand

trčati

run

povlačiti

pull

baciti

throw

padati

fall

ležati

lie

čekati

wait

nositi

carry

sjediti

sit

oblačiti

get dressed

spavati

sleep

probuditi se

wake up

gledati	**plakati**	**milovati**
look at	cry	stroke

češljati	**govoriti**	**razumjeti**
comb	talk	understand

pitati	**slušati**	**piti**
ask	listen	drink

jesti	**pospremiti**	**voljeti**
eat	tidy up	love

kuhati	**voziti**	**letjeti**
cook	drive	fly

ploviti
sail

računati
calculate

čitati
read

učiti
learn

raditi
work

vjenčati se
marry

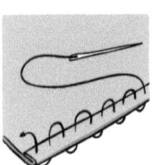

šiti
sew

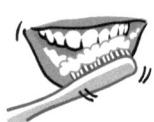

prati zube
brush teeth

ubiti
kill

pušiti
smoke

poslati
send

aktivnosti - activities

obitelj
family

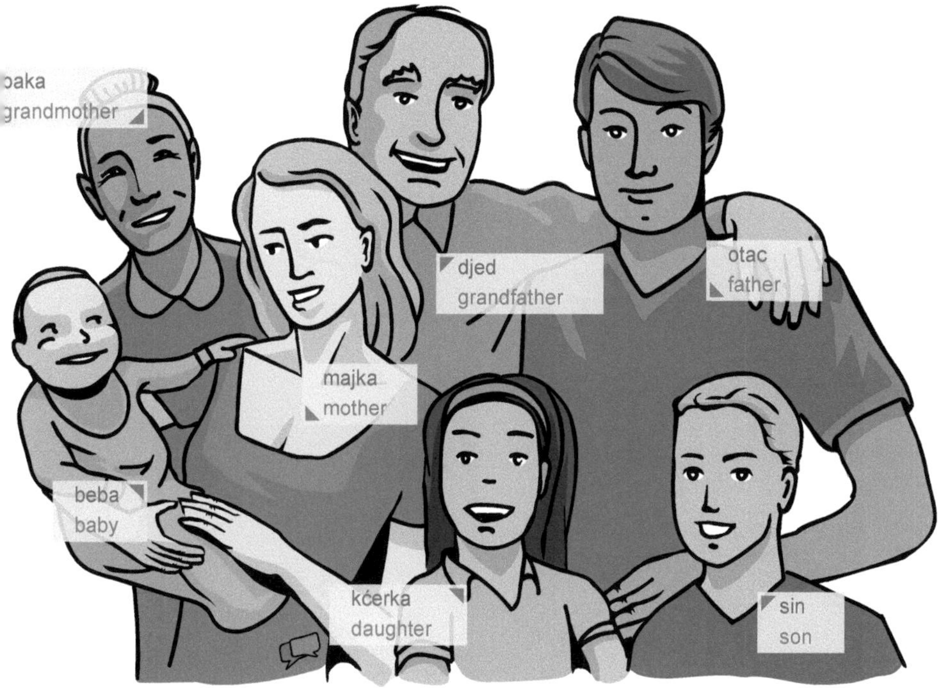
aka
grandmother
djed
grandfather
otac
father
majka
mother
beba
baby
kćerka
daughter
sin
son

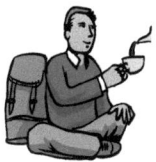

gost
guest

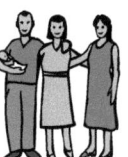

tetka
aunt

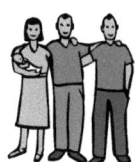

ujak, stric
uncle

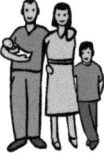

brat
brother

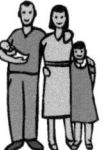

sestra
sister

tijelo

body

čelo
forehead
oko
eye
rame
shoulder
prst
finger
lice
face
brada
chin
ruka
hand
noga
leg
grudi
breast
ruka
arm

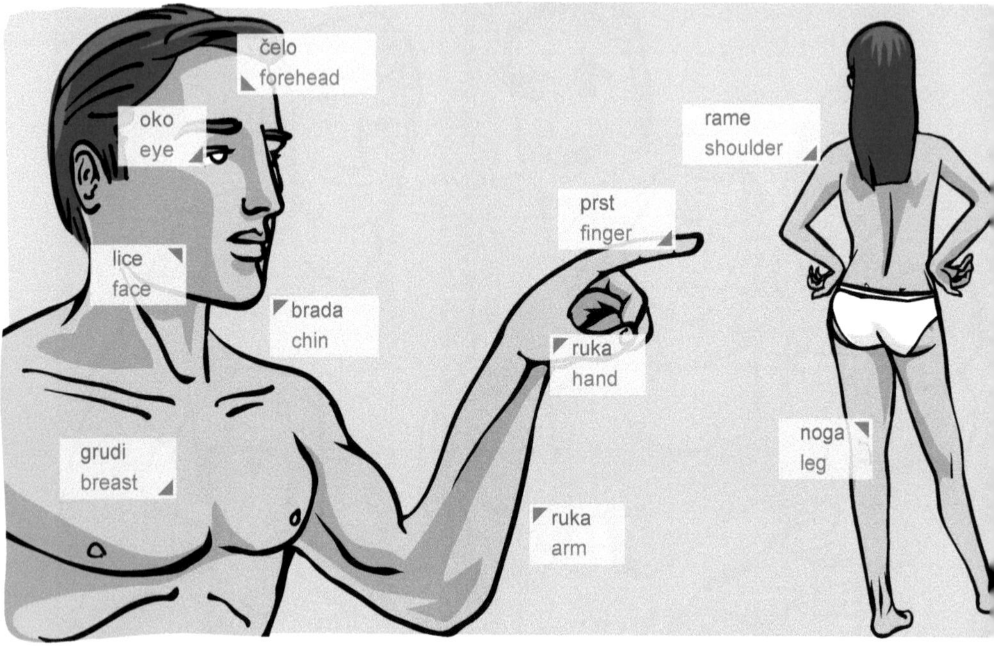

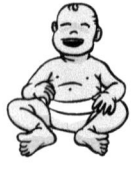

beba

baby

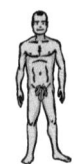

muškarac

man

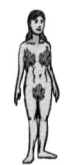

žena

woman

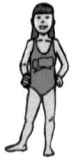

djevojčica

girl

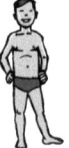

dječak

boy

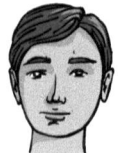

glava

head

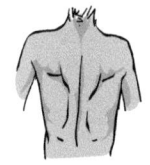

leđa

back

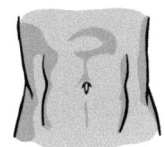

trbuh

belly

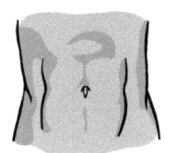

pupak

belly button

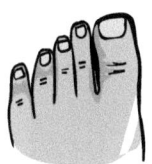

nožni prst

toe

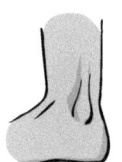

peta

heel

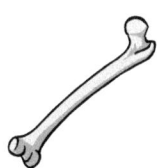

kost

bone

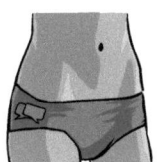

kuk

hip

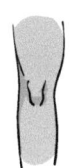

koljeno

knee

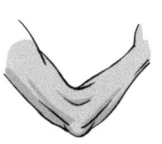

lakat

elbow

nos

nose

stražnjica

bottom

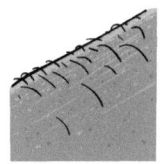

koža

skin

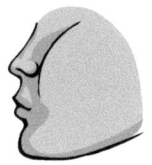

obraz

cheek

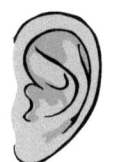

uho

ear

usna

lip

tijelo - body

usta

mouth

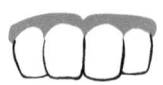

zub

tooth

jezik

tongue

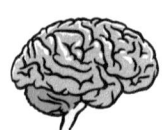

mozak

brain

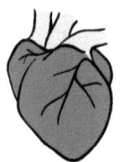

srce

heart

mišić

muscle

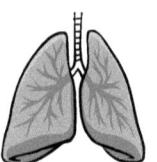

pluća

lung

jetra

liver

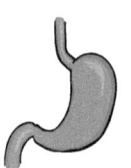

želudac

stomach

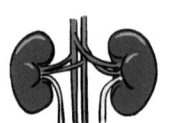

bubrezi

kidneys

snošaj

sex

kondom

condom

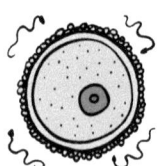

jajna stanica

ovum

sperma

semen

trudnoća

pregnancy

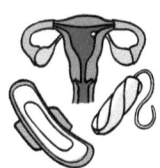

menstruacija

menstruation

vagina

vagina

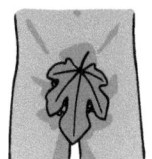

penis

penis

obrva

eyebrow

kosa

hair

vrat

neck

bolnica
hospital

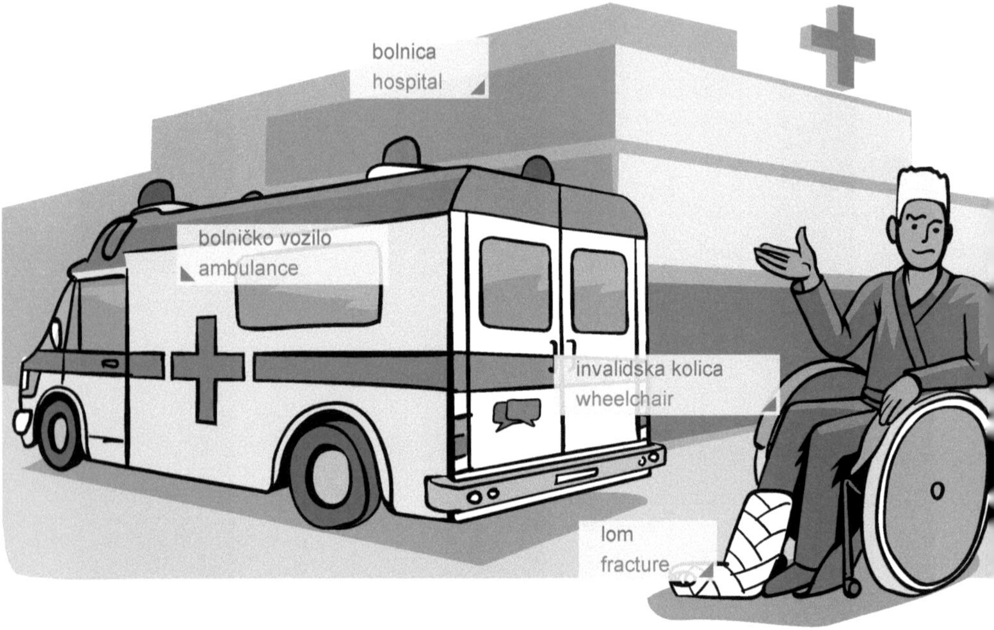

bolnica
hospital
bolničko vozilo
ambulance
invalidska kolica
wheelchair
lom
fracture

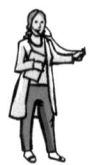

liječnik

doctor

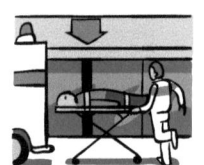

hitna medicinska služba

emergency room

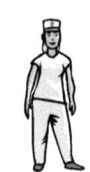

medicinska sestra

nurse

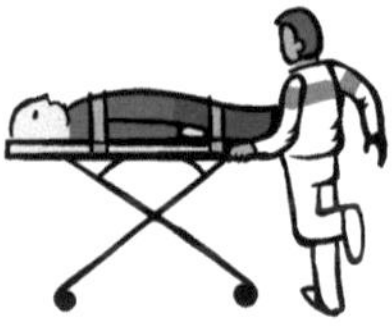

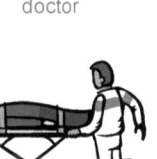

hitni slučaj

emergency

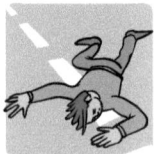

nesvijest

unconscious

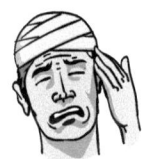

bol

pain

ozljeda

injury

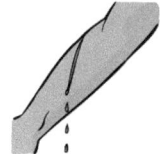

krvarenje

bleeding

srćani infarkt

heart attack

moždani udar

stroke

alergija

allergy

kašalj

cough

groznica

fever

gripa

flu

proljev

diarrhoea

glavobolja

headache

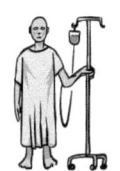

rak

cancer

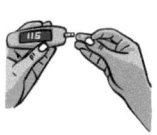

dijabetes

diabetes

kirurg

surgeon

skalpel

scalpel

operacija

operation

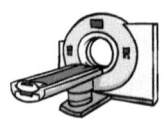

ct
CT

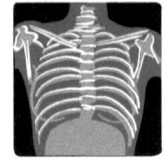

rentgen
x-ray

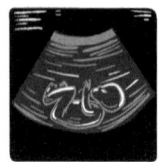

ultrazvuk
ultrasound

maska
face mask

bolest
disease

čekaonica
waiting room

štaka
crutch

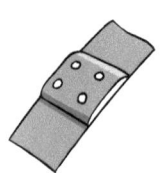

flaster
plaster

zavoj
bandage

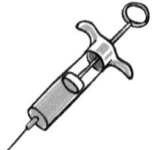

injekcija
injection

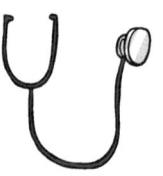

stetoskop
stethoscope

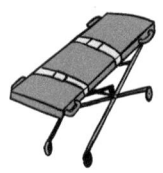

nosilo
stretcher

termometar
clinical thermometer

rođenje
birth

prekomjerna težina
overweight

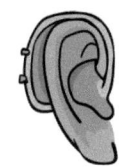

slušni aparat

hearing aid

sredstvo za dezinfekciju

disinfectant

infekcija

infection

virus

virus

hiv / sida

HIV / AIDS

medicina

medicine

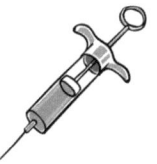

vakcinacija

vaccination

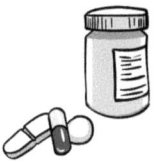

tablete

tablets

pilula

pill

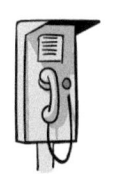

poziv u pomoć

emergency call

uređaj za mjerenje tlaka

blood pressure monitor

bolesno / zdravo

ill / healthy

pomoć!

Help!

alarm

alarm

nasrtaj

assault

napad

attack

opasnost

danger

izlaz za nuždu

emergency exit

požar!

Fire!

vatrogasni aparat

fire extinguisher

nezgoda

accident

kofer prve pomoći

first-aid kit

sos

SOS

policija

police

Europa

Europe

sjeverna amerika

North America

južna amerika

South America

Afrika

Africa

Azija

Asia

Australija

Australia

Atlantik

Atlantic

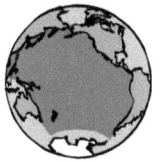

Pacifik

Pacific

ocean

Indian Ocean

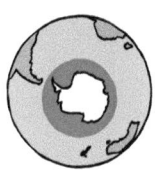

antarktički ocean

Antarctic Ocean

arktički ocean

Arctic Ocean

sjeverni pol

North Pole

južni pol

South Pole

Antarktik

Antarctica

zemlja

Earth

zemlja

land

more

sea

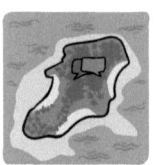

otok

island

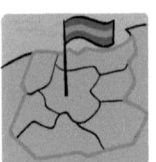

nacija

nation

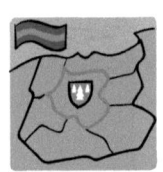

država

state

brojčanik sata

clock face

satna kazaljka

hour hand

minutna kazaljka

minute hand

sekundna kazaljka

second hand

Koliko je sati?

What time is it?

dan

day

vrijeme

time

sada

now

digitalni sat

digital watch

minuta

minute

sat

hour

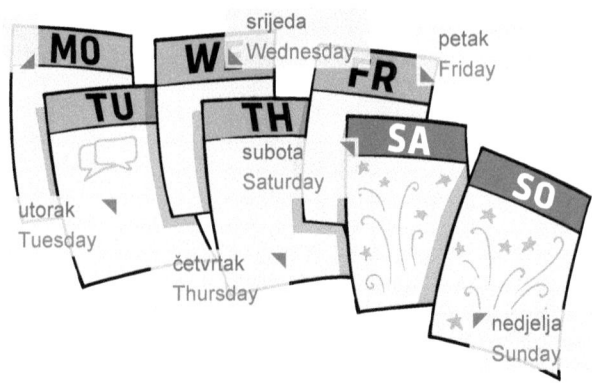

ponedjeljak
Monday

srijeda
Wednesday

petak
Friday

utorak
Tuesday

subota
Saturday

četvrtak
Thursday

nedjelja
Sunday

jučer

yesterday

danas

today

sutra

tomorrow

jutro

morning

podne

noon

večer

evening

radni dani

business days

vikend

weekend

kiša
rain

duga
rainbow

vjetar
wind

snijeg
snow

proljeće
spring

jesen
autumn

ljeto
summer

zima
winter

4.APRIL	11°	☀
5.APRIL	4°	
6.APRIL	13°	
7.APRIL	8°	☀
8.APRIL	10°	☀

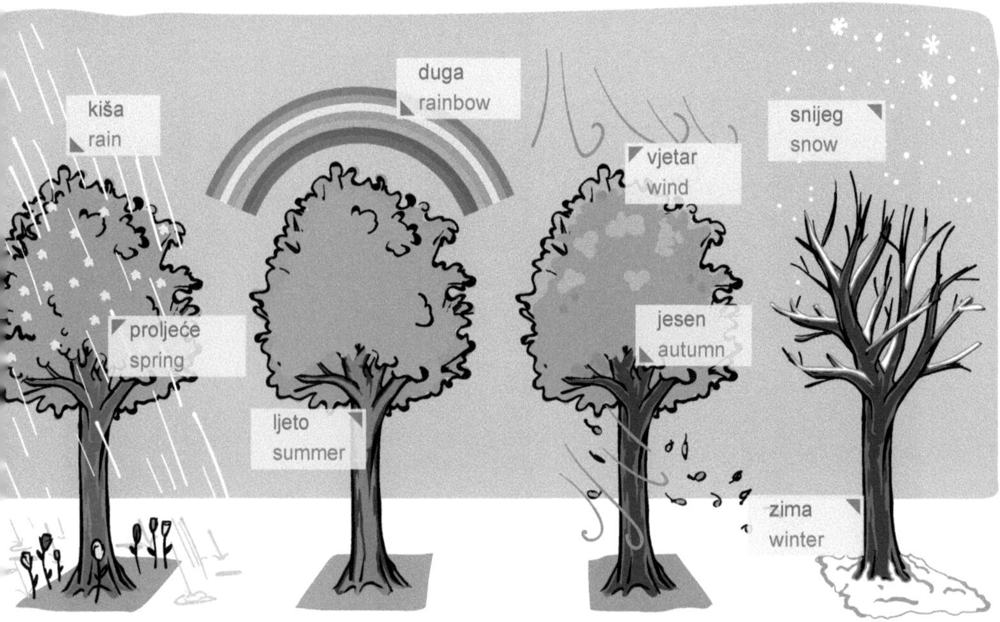

meteorološka prognoza

weather forecast

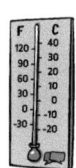

termometar

thermometer

sunčana svjetlost

sunshine

oblak

cloud

magla

fog

vlažnost zraka

humidity

munja

lightning

grmljavina

thunder

oluja

storm

tuča

hail

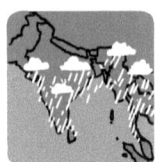

monsun

monsoon

poplava

flood

led

ice

siječanj

January

veljača

February

ožujak

March

travanj

April

svibanj

May

lipanj

June

srpanj

July

kolovoz

August

godina - year

rujan
September

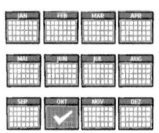

listopad
October

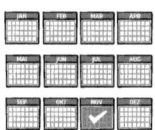

studeni
November

prosinac
December

oblici
shapes

krug
circle

kvadrat
square

pravokutnik
rectangle

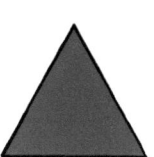

trokut
triangle

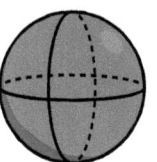

kugla
sphere

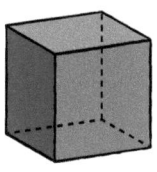

kocka
cube

boje
colours

bijela

white

žuta

yellow

narančasta

orange

ružičasta

pink

crvena

red

ljubičasta

purple

plava

blue

zelena

green

smeđa

brown

siva

grey

crna

black

mnogo / malo
a lot / a little

ljutito / mirno
angry / calm

lijepo / ružno
beautiful / ugly

početak / kraj
beginning / end

veliko / maleno
big / small

svijetlo / tamno
bright / dark

brat / sestra
brother / sister

čisto / prljavo
clean / dirty

potpuno / nepotpuno
complete / incomplete

dan / noć
day / night

mrtvo / živo
dead / alive

široko / usko
wide / narrow

jestivo / nejestivo
edible / inedible

zlo / dobro
evil / kind

uzbuđeno / dosadno
excited / bored

debelo / mršavo
fat / thin

na početku / na kraju
first / last

prijatelj / neprijatelj
friend / enemy

puno / prazno
full / empty

tvrdo / mekano
hard / soft

teško / lagano
heavy / light

glad / žeđ
hunger / thirst

bolesno / zdravo
ill / healthy

ilegalno / legalno
illegal / legal

pametno / glupo
intelligent / stupid

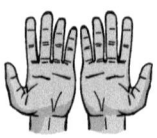

lijevo / desno
left / right

blizu / daleko
near / far

novo / rabljeno

new / used

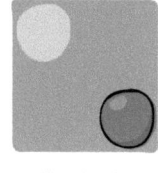

ništa / nešto

nothing / something

staro / mlado

old / young

uključeno / isključeno

on / off

otvoreno / zatvoreno

open / closed

tiho / glasno

quiet / loud

bogato / siromašno

rich / poor

točno / pogrešno

right / wrong

hrapavo / glatko

rough / smooth

tužno / sretno

sad / happy

kratko / dugo

short / long

polako / brzo

slow / fast

mokro / suho

wet / dry

toplo / hladno

warm / cool

rat / mir

war / peace

0

nula

zero

1

jedan

one

2

dva

two

3

tri

three

4

četiri

four

5

pet

five

6

šest

six

7

sedam

seven

8

osam

eight

9

devet

nine

10

deset

ten

11

jedanaest

eleven

12 dvanaest
twelve

13 trinaest
thirteen

14 četrnaest
fourteen

15 petnaest
fifteen

16 šestnaest
sixteen

17 sedamnaest
seventeen

18 osamnaest
eighteen

19 devetnaest
nineteen

20 dvadeset
twenty

100 stotinu
hundred

1.000 tisuću
thousand

1.000.000 milijun
million

engleski

English

američko engleski

American English

kinesko mandarinski

Chinese Mandarin

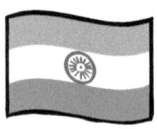

hindi

Hindi

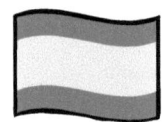

španjolski

Spanish

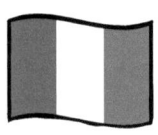

francuski

French

arapski

Arabic

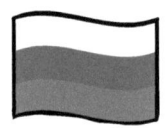

ruski

Russian

portugalski

Portuguese

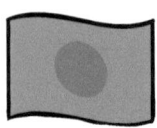

bengalski

Bengali

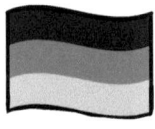

njemački

German

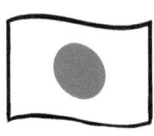

japanski

Japanese

ja

I

ti

you

on / ona / ono

he / she / it

mi

we

vi

you

oni

they

tko?

who?

što?

what?

kako?

how?

gdje?

where?

kada?

when?

ime

name

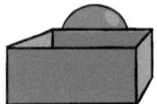

iza

behind

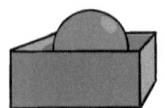

u

in

ispred

in front of

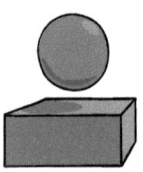

preko

over

na

on

ispod

under

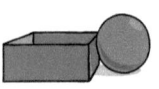

pored

beside

između

between

mjesto

place